Art Books

The numbered pages

(except this)

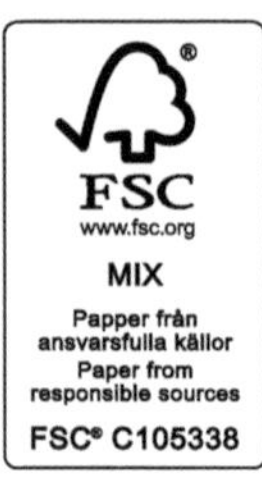

(and this)

Förlag: BoD – Books on Demand, Stockholm, Sverige
Tryck: BoD – Books on Demand, Norderstedt, Tyskland

ISBN: 978-91-8007-722-4

<table>
<tr><td>25</td><td>2</td><td>9</td><td>18</td><td></td><td>22</td><td>6</td></tr>
<tr><td>25</td><td>2</td><td>9</td><td>18</td><td></td><td>25</td><td>2</td></tr>
<tr><td>9</td><td>18</td><td></td><td>22</td><td>6</td><td></td><td>16</td></tr>
<tr><td>21</td><td>2</td><td>22</td><td>16</td><td>18</td><td></td><td>25</td></tr>
<tr><td>2</td><td>9</td><td>18</td><td></td><td>22</td><td>6</td><td></td></tr>
<tr><td>19</td><td>2</td><td>5</td><td>20</td><td>22</td><td>9</td><td>18</td></tr>
<tr><td>1</td><td>18</td><td>6</td><td>6</td><td></td><td>25</td><td>2</td></tr>
<tr><td>9</td><td>18</td><td></td><td>22</td><td>6</td><td></td><td>3</td></tr>
<tr><td>14</td><td>7</td><td>22</td><td>18</td><td>1</td><td>16</td><td>18</td></tr>
</table>

17

18

24

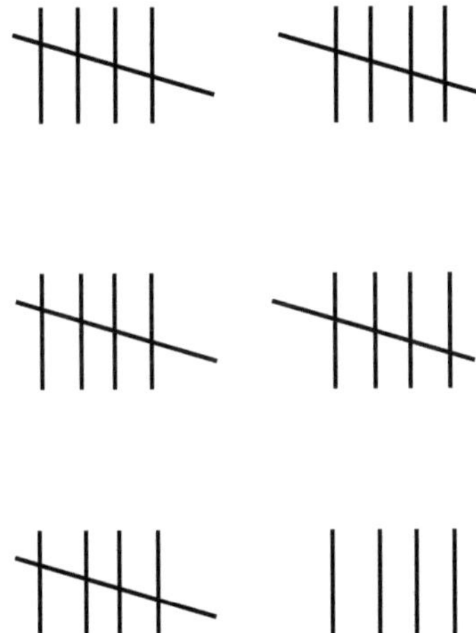

33

41

4
5

XLIX

50

51

54

55

62

69

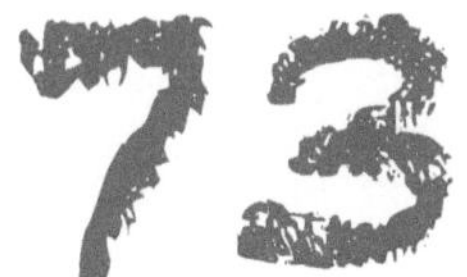

79

84

95

95

95

95

95

95

95

95

95

95

95

95

95

95

95

95

95

95

106

111

117

123

127

129

141

153

159

177

188

194